写真・文
飛田晋秀

福島の記憶
3.11で止まった町

Memory of Fukushima
The town where the time settled on in 3.11.

Photograph, Text by
Shinsyuu Hida

はじめに

私は報道カメラマンではない。30年以上も職人を撮って来た、写真家だ*。

2011年、2月中旬来半月かけて九州を回り、写真集にしようという矢先のことだった。あの3.11大震災と原発爆発が起きたのは。

いっとき、私は迷った。撮るべきか、撮らざるべきか。分野が違う。やめた方がいいのではないか、と……。

私の背中を押したのは、被災者だった。

いわき市小名浜に知り合いを見舞ったときのこと。

「是非、小名浜の状況を見てもらいたい」「絶対風化させてはならない」。その人は、多くの知人を津波で流され、亡くしてしまっていた。私は、深い胸の底から、「迷い」が吹き飛んでいくのを感じた。恥ずかしかった。被災地の、入れる所まで入って、撮影をするべきなのだ。

私は決心した。

4月から7月、小名浜から広野町、警戒区域手前まで4回撮影した。凄まじい姿だった。自然の猛威にはなすすべが無い。ただ、夢中でシャッターを切っていた。

ボランティア活動もした。避難している人とも知り合った。

「避難所を出て借り上げ住宅に移る、リフォームし落ち着いたら、是非私の街の姿を撮ってほしい」と請われた。翌2012年1月末、初めて原発避難区域に入った。自分の家に入るのに許可証がないと入れない地域、防護服（タイベック）を着て入らなければならない地域。現実を目のあたりにした。放射線量が高い。区域内には1時間半しかいられない。震災から間もなく1年になろうとしているのに、何も手が付けられていない。時間が止まったかのように感じた。臭い、味覚もない、目にも見えない。ガイガーカウンターの音だけが不気味に響いた。

ファインダーが涙で曇った。手もだるくなったが、夢中でシャッターを切りまくった。そのうちにだんだんと怒りが湧いてきた。この現状を伝えていかなければ、誰かが伝えなければならないではないか。

避難区域には人は誰もいない。ゴーストタウンになってしまった。3月18日東京電力福島第一原子力発電所の近くに入った。車の中から撮影した。その時ガイガーカウンターが振り切れてしまった。後で検査を受けた時、私の体の放射線量は46μSv/h（マイクロシーベルト／時）もあり仰天した。法令では人の放射線被曝限度線量0.23μSv/h。200倍だった。

2012年8月、ある場所で撮影していた。

「おじちゃん、わたし、大きくなったらお嫁さんになれる？」。

近寄ってきた小学低学年らしい女児から突然、言われた。一瞬呼吸が詰まった。返事ができなかった。「ごめんね」と言うのが精一杯だった。

帰り道、車の中で私は号泣した。この事態を子々孫々、若い世代に伝え原発事故の現実と記録を後世に継承しなければならない。

今まで100回ほど避難区域に入っている。行くたびに家屋がひどくなっているのがわかる。放射線量も高く、帰還困難区域は7年が過ぎても防護服（タイベック）を着なければ入れない。家にも入れず周りは高線量で、長い時間はいられない。

ある避難者は、事故前は家族9人で暮らしていた。が、避難してから2ヶ月後に祖父が亡くなり、祖母は施設に入り、息子夫婦と3人の孫は関東に避難して戻らず。家族がバラバラになってしまった。家も仕事も、原発事故で全てが奪われてしまい今後どのようにしたらよいのか、考えなくてはならない。

現状を見た時、国は人に対して、復旧ではなく原発事故前と同じやり方をしている。除染などの費用は4兆円以上になるそうだが、生活支援を優先にするべきではないか。

7年が過ぎて報道されることが極端に少なくなってきている。原発事故災害は、私たちの代で終わることはない。これからの世代に原発事故の事実を風化しないように記録し、伝えていかなければならない。

*1999年に写真集『三春の職人』（朝日新聞出版社）を出版。大漁旗フォーラム（大漁旗つくる職人）・全国職人学会と活動し2009年から全国の職人を、北海道から東海まで撮影。

福島県全図

Preface

I am a photographer taking pictures of many kinds of artisans for more than 30 years, but not a photojournalist. I encountered on March 11, 2011, the great 3.11 Earthquake and the explosion of the nuclear power plant, occurred just after this earthquake, when I traveled for half a month from mid- February to early in March around the Kyushu district (southern Japan) planning to compile a photograph collection.

So I was at a loss whether to take pictures of this disaster or not. I thought " This is not my field, it's better not to do that."

But I was motivated by voices of the victims who encouraged me.

When I visited a friend living in Onahama, Iwaki City (Fukushima Prefecture), he requested me to be sure to see the situation of the seashore at Onahama, insisting "we should not forget this disaster without question". He lost many acquaintances who were engulfed by Tsunami. Then my hesitation vanished completely from the bottom of my heart. I felt ashamed. I must go to any places where I can go to take the pictures of the stricken areas.

My mind was firmly set.

From April to July, I took pictures on four occasions in the area of Onahama and Hirono City and entered into the restricted areas (because of high radiation level). The condition was terrible. There was nothing I could do when I faced the violence of the nature. I was absorbed in taking pictures.

I participated in volunteer activity and got acquainted with some refugees. One of them requested me to call on his family. "We will leave the shelter and move into the government-rented housing. When renovation of my house is finished and our situation calms down, come to my house and be sure to take pictures of my town". The following year, at the end of January 2012, I went into the nuclear evacuation zone for the first time. This is the restricted area, and even if one is going into one's own house one will need a permit and must wear a protective gear, Tyvek. I witnessed the reality of the area contaminated with extremely high level of radiation, allowing us to stay in this area for only one hour and a half. At that time nearly one year have passed from the accident, but nothing had been done. I felt as if the time stopped. No noise, no smell and nothing to see. Only a Geiger counter echoed the weird sound.

The viewfinder became dim with my tears. My hands felt heavy but I lost myself in clicking the shutter of my camera. My fury was getting stronger. "If anyone doesn't convey a message about this real situation, someone should do that".

No one lived in the evacuation zone. The area became a ghost town. On March 18 2012, I went into the area near the TEPCO's Fukushima Daiichi Nuclear Power Station. I took pictures from inside of the car. At that time, the needle of the Geiger counter went off-scale. After coming back, when my radiation exposure was counted, I was astonished because the level of radiation was extremely high : 46 micro Sv/h, while the level of exposure for one person permitted by law is 0.23 micro Sv/h. The level I was exposed was 200 times as high as that.

In August 2012, while I was taking photographs, a young girl probably schoolchild in the lower grade approached me and asked me "Say, Mister, Can I get married when I grow up ?". For an instant, I held my breath. I could not answer, and only said "I'm sorry".

I wept bitterly in the car on my way home. Then I made a vow to pass down my knowledge about the real situation about the nuclear accident and its record from generation to generation, especially to young generation.

I went into the evacuation zone for 100 times so far. Each time I went, I found that the states of houses were becoming worse. The level of radiation is, even now, so high that you must wear Tyvek in the zone, so called "difficult to -return zone" even after 7 years from the accident. You cannot even enter one's house, and it is difficult to stay around these houses for a long time because of high level of radiation.

One evacuee family had 9 members before the accident, but lost his old father 2 months after they evacuated. He lives apart from his old mother who went to the health care facility for the aged, and also from his son's family (his wife and their 3 childrens) who live in Kanto region and will not go back to Fukushima. So his family broke apart. He must consider what he should do in his future, now that he lost everything ; his house and his work because of the nuclear accident.

To tell the truth, the government is not providing support for the people suffering from the disaster. It treats people the same way as it had done so before the accident. It is said the amount of expenses for the decontamination is estimated as more than 4,000 billion yen. I believe the support for victims' living should have be given priority.

Now, 7 years after the accident, numbers of news reports by the mass media about the nuclear accident are extremely small.

Disaster of the nuclear accident will not end in our generation. We must record the realities of the nuclear accident in order for them to be remembered, and for passing them on to the next new generation.

Shinsyuu Hida
Published a photo collection "An artisan in Miharu," 1999, Asahi Shimbun Shuppan. Worked with Tairyo-bata (a flag wishing for a large haul) Forum (a forum for artisans who make such flags) and the National Artisan Association. Took photographs of artisans nationwide from Hokkaido to Tokai since 2009.

目　次
Contents

小名浜町	ONAHAMA ... 7
広野町	HIRONO MACHI ... 19
久之浜町	HISANOHAMA MACHI ... 27
楢葉町	NARAHA MACHI ... 37
川内村	KAWAUCHI MURA ... 47
都路町	MIYAKOJI MACHI ... 57
葛尾村	KATSURAO MURA ... 65
富岡町	TOMIOKA MACHI ... 75
大熊町	OOKUMA MACHI ... 105
双葉町	FUTABA MACHI ... 121
浪江町	NAMIE MACHI ... 139
南相馬市	MINAMISOMA SHI ... 163
飯舘村	IITATE MURA ... 181
三春町	MIHARU MACHI ... 195

小 名 浜

ONAHAMA

水族館も津波の被害にあう（2011.4.27）

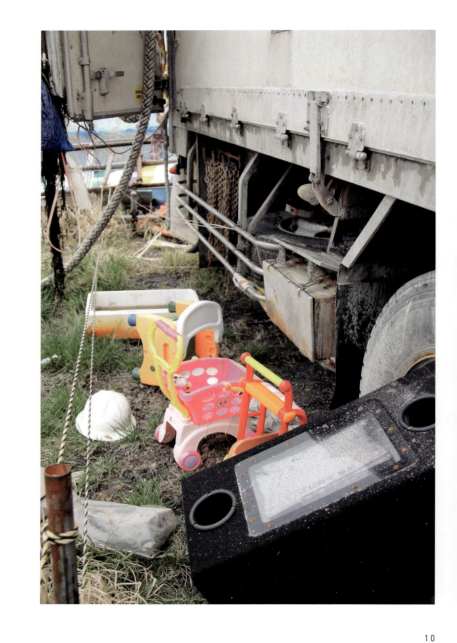

左――幼児の遊び道具が流されていた（2011.4.27）
右――この様な大きな船まで津波で流されている（2011.4.27）

漁船も津波でがれきとなってしまった（2011.6.22）

左——漁船も車も津波で流された（2011.4.27）
右——がれきとなってしまった（2011.4.27）

津波によって陸に打ち上げられている (2011.4.27)

津波の爪痕 (2011.4.27)

物悲しい姿の車（2011.4.27）

津波で多くの方が亡くなりました (2011.4.27)

広 野 町

HIRONO MACHI

レールも錆びてしまった (2011.6.16)

電車が停車したまま（2011.6.16）

警戒にあたっていた消防車も津波に飲まれた (2011.6.22)

広野火力発電所 (2011.6.16)

テトラポットが怒っているようだ（2011.6.16）

久之浜町

HISANOHAMAMACHI

左――大津波に飲み込まれ街が壊滅状態に（2011.6.22）
上――地震で火災。津波に流され火災が広がった（2011.6.22）
下――全ての物が津波に飲み込まれてしまった（2011.6.22）

上──車が津波によって縁側に乗り上げている（2011.6.22）
下──地震、津波。復旧したいが原発のために避難し戻れない（2011.6.22）
中央──居間に車が入っている（2011.6.22）

上左──廃墟になってしまった街（2011.6.22）
上右──避難所から1時間半かけて片付けに通っているが、身体がきつい（2011.6.22）
下左──つぶされた家屋（2011.6.22）
下右──家財道具が流された（2011.6.22）

左──ボランティアの方ががれきの片付けに来ている（2011.6.22）
上──復旧された防波堤（2017.4.30）
下──復旧工事が進んでいる（2017.4.30）

神社だけが津波の被害を受けていないのが不思議でならない (2011.6.22)

修復された神社（2017.4.30）

楢葉町
NARAHAMACHI

地震で土台が崩れて倒壊寸前（2012.9.24）

上──滝田駅の線路が雑草に飲み込まれてしまった（2012.9.24）
下──仮設に連れて行けないために置かれたのか（2012.9.24）
右──ガードレールが津波によってアメのように曲がってしまった（2012.9.24）

町が一望できる憩いの場所だった。現在は全町民が避難（2012.9.24）

上左――津波で流された家（2012.9.24）
上右――有名な芸能人の別荘だった（2012.9.24）
下左――雑草に飲み込まれそうな家屋（2012.9.24）
下中――津波の被害と原発事故で避難することができたのか（2012.9.24）
下右――津波で破壊された家屋。無残な姿（2012.9.24）

左──消防ポンプ車も津波の被害にあっている(2012.9.24)
右──国道6号線の厳重な警戒。タイベックを着ないで警備をしている(2012.9.24)

津波の被害があった所に除染土壌等の仮置き場（2016.7.22）

川 内 村

K A W A U C H I   M U R A

草野心平記念館。木々に覆われている (2012.9.8)

左ページ──帰村した人は 4 割くらい（2012.9.8）
左──原発事故で無人になってしまった村（2012.9.8）
右──石灯ろうも倒れたまま（2012.9.8）

上左——家も雑草で見えなくなってきている（2012.9.8）
上右——のどかな農村が放射能に汚染されてしまった（2017.6.27）
下——田んぼや畑が雑草に覆われている（2012.9.8）

このような電光掲示板がある所で生活をしている (2012.9.8)

左ページ──除染した土壌が入ったフレコンバッグを家の周りに置かれている（2017.10.2）
左──道路わきにもフレコンバッグが（2012.9.8）
右──稲刈り間近だがフレコンバッグの山（2017.10.2）

都 路 町

MIYAKOJI MACHI

左──のどかな町が原発事故で避難した（2012.9.24）
上──一時帰宅して片付けているが、
放射線量は 2.5 マイクロシーベルトもある（2012.9.13）
この女性は 2018 年 12 月 8 日に亡くなられました。ご冥福をお祈り致します。
下──高原で育てた梅は評判が良かったが、
原発事故で全て失ってしまった（2012.9.13）

仮設住宅では生活できず、もどって牛の飼育をしている（2012.9.13）

左——無事に育って欲しい（2012.9.13）
右——原発事故で住めなくなった（2012.9.13）

仮置き場建設中（2012.9.13）

国道288号線。警戒が厳しい（2012.9.13）

葛尾村

KATSURAO MURA

地震の影響は少なかったが、原発事故で全村避難した（2012.8.25）

左——村全体で約3000頭の牛を飼育していた（2012.8.25）
上——のどかな村だったが避難して人がいない（2012.8.25）
下——雑草に飲み込まれて家が見えない（2012.8.25）

左——トラクターを飲み込む雑草 (2012.8.25)
右——全国各地の警察官が来ているが若い世代の被ばくが心配 (2012.8.25)
右ページ——避難区域は、全てこの様な状態 (2012.8.25)

上——モニタリングポストでも高い放射線量（2012.8.25）
下—— 114号線は通行禁止（2012.8.25）
右ページ——ありとあらゆる所が立ち入り禁止（2012.8.25）

富 岡 町
TOMIOKA MACHI

上──初夏の夜ノ森（2015.9.12）
右──放射能に汚染されてしまった夜ノ森の桜（2017.4.10）

左──柵がうつらない様に桜を撮っている（2015.4.7）
上──桜の線量は 0.8 マイクロシーベルト（2015.4.7）
下──昨年より線量が高くなっている。1.01 マイクロシーベルト（2016.4.10）

左──嘉田由紀子滋賀県知事(当時)被災地視察 (2014.6.20)
右──原発事故のため手が付けられていない (2014.6.20)

放置されている家屋や車（2014.6.20）

除染することを拒否していた (2014.1.15)

左——住めなくなった家のローンを払っている（2014.1.15）
上——除染後の線量 0.23 マイクロシーベルトにはほど遠い（2017.6.27）
下——家の周りの線量。除染後でも1.67マイクロシーベルトもある（2017.6.27）

上──枝垂桜の下の線量は 3.3 マイクロシーベルトもある（2015.4.7）
下──除染後の線量。1.62 マイクロシーベルトもある（2017.6.27）
右──枝垂桜。綺麗に咲いても見る人がいない（2015.4.7）

上——ぬいぐるみが寂しい。胸がつまる（2014.1.15）

下——線量が下がらない。1.01 マイクロシーベルトもある（2016.1.3）

富岡駅全景（2014.9.23）

上左──津波で破壊された駅の前に汚染土壌が積み上げられている（2014.11.17）
上右──家が全て流され、海が見道せる（2012.1.31）
下──顔はイノシシ胴体は子ブタが8頭いた（2014.1.15）

左──解体されている富岡駅（2015.1.23）
右──解体された富岡駅（2015.9.12）

左——駅が再開されていた（2017.4.30）
上——行くたびにひどくなってきている（2015.1.23）
下——自然の猛威の前にはどうすることもできない（2015.4.7）

解体された駅前周辺（2016.2.1）

左──津波で破壊され跡形もなくなってしまった（2016.2.1）
右──復興公営住宅の建設が進んでいる（2017.7.3）

左──住宅の近くの放射線量が 0.41 マイクロシーベルトもある（2017.4.30）

右──一戸建ての復興公営住宅（2017.7.3）

住めなくなってまもなく 5 年 (2016.2.1)

上左──除染しても 3.15 マイクロシーベルトもある。無駄ではないか（2015.4.7）
上右──人を怖がらなくなっている（2015.11.25）
下──家の中の柱や床が腐ってきている（2016.2.1）

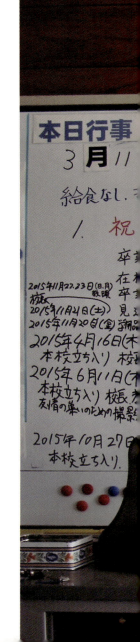

左──富岡町立富岡第二中学校に避難。ここから各地に避難をした（2014.1.15）
右── 2011 年からの記録（2017.4.30）

| い体 | の心 | 知性 | 標 |

健康・安全 基礎の育成 / 人間 の育成

金曜日 日直 早乙女
年休
根本(1日)
火田中(1日)
柳沼(1日)

なし

業証書授与式 9:30〜
　　　　　　　　　11:10
校 8:40〜9:00
開始 9:00 入場 9:10
　　　　　　9:25
12:00〜
会遠弘義終了後 職員打ち合わせ
朝の打ち合わせは中止

職員の車は
体育館南側へ

明日行事　　3月 部活 17:30まで
3月 14日 月曜日 日直
　　　　　　　　　年休

給食あり

1. 県立高校合格発表

2. 職員打ち合わせ 15:40〜

3. 週案提出 4学年

27年1/7 立ち入り 校長
2014年11月18日(火) 校長・倉本
2014年 7月25日(金)
　本校立ち入り
　校長・教頭・柳沼・倉本
2014年 9月24日(水)
　本校立ち入り 校長・教頭
2016.11.28.29.30. 立ち入り
　　　　校 教頭 桃 にもつ持ち出し

※3/11〜?
2016年1月27日(水)
　校長・教頭
2016年3月30日(水)
　校長・教頭
2016年4月14日(木)
　校長・教頭　2016年6月14日(火)
　　　　　　　校長・教頭
2016年9月29日(木)
　校長・教頭

教室・校舎周辺の壁とん
生徒にまかせず 顧問が最終点検を!
不要物の壁とん, 戸締り
3/9 ガラス破損 (技中室)

インフル欠席

2016年10月28日
　校長・教頭
2016年12月7日(木)
　校長のサで
　校長全点検
2016年12月26日(月)
　教頭・柳沼 (鈴木柳沼届出)
2017年2月8日(水)
　校長・教頭
2017年3月15日(水)
　校長・教頭
2017年4月13日(木)
　校長・教頭

校歌額縁用フック

左——慌ただしく避難してまた避難（2017.4.30）
右——介護していた人がいたのだろう（2017.4.30）

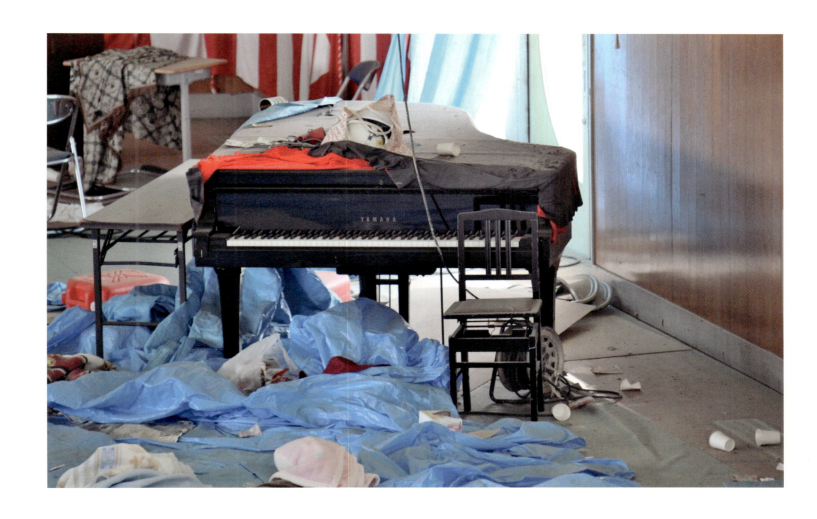

ピアノも当時のままに（2017.4.30）

仮設焼却炉稼働から5年で解体（2016.2.1）

右側が帰宅困難区域、左側が居住制限区域（2017.7.3）

玄関前の線量は高い。除染前は考えられない高さ（2017.9.27）

上――除染しても驚くほどの線量。10.2 マイクロシーベルト（2017.9.21）
下――1.5 メートルの柿の木の高さで 1.204 マイクロシーベルト（2017.11.19）
右――家の中はこの様な状態。居住制限区域のため戻ることができない（2017.9.21）

避難解除になったが訪れる人はいない（2017.5.20）

無事を祈っているよう (2017.5.20)

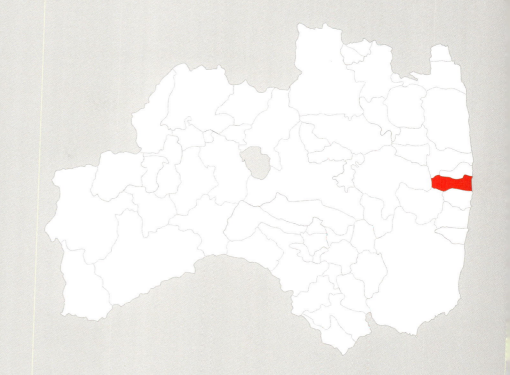

大 熊 町

OOKUMA MACHI

玄関。枯草が残っているが変化はない（2014.3.27）

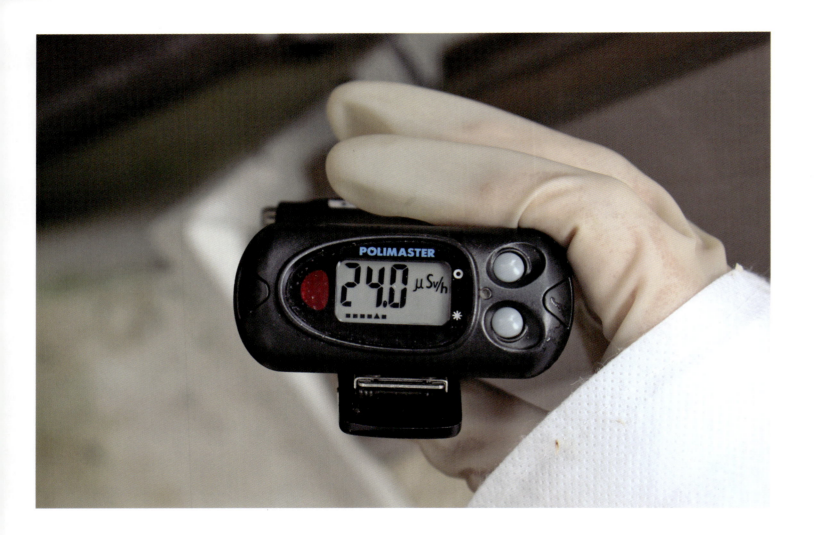

玄関前は放射線量が 24 マイクロシーベルトもある（2014.3.27）

上──家の中は動物やネズミが入ってこの様な状態（2014.3.27）
下──ミイラ化したネズミのしっぽの長さは約14センチもある（2014.3.27）

左──年月が過ぎても、この様な姿で来なければならない（2014.3.27）
上──道路も地震で歪んでいるが立ち入ることができない（2014.3.27）
下──避難して人がいなくなり荒れ放題になっている（2014.3.27）

原発事故のために戻ることができなくなった町 (2014.3.27)

左——町の中でも 2.3 マイクロシーベルトある（2015.4.25）
右——原発事故で無人になった町（2014.3.27）

左――庭木も伸び放題。道路までふさがれてしまいそう（2014.3.27）
右――嘉田由紀子滋賀県知事（当時）もタイベックを着て視察（2014.6.20）

病院の事務所は当時のまま。あわただしく避難した（2014.3.25）

左——信号の先は帰宅困難区域。手前からは移住制限区域と放射線量はかわらない（2015.4.25）

右——レールがさび付いてきている（2014.3.27）

上──線量が高いために福島市に移動している（2015.4.25）
中──帰宅困難区域はまだまだ線量が高い（2015.4.25）
下──戻ることができなくなってしまった（2015.4.25）
右──少しずつ床が腐ってきた（2015.4.25）

雑草だけでなくて木が生えている（2015.11.25）

タイベックを着て作業。帰宅困難区域以外はタイベックを着ていない（2014.4.25）

双葉町

FUTABA MACHI

「安全神話」で事故は絶対起きないと言っていた (2013.5.4)

左──地震で倒壊。線量が高く、人が入れない（2013.2.28）
上──地震被害だけなら復興が進んだろう（2013.2.28）

人が入れない街になってしまった (2013.2.28)

上左──双葉町は帰還困難区域のため放置されたまま（2013.2.28）
上右──地震で倒壊寸前（2013.5.4）
下──戻ることができなくなってしまった原発事故の恐怖（2013.2.28）

帰還困難区域に入ると車の中でも線量が高くなってくる（2016.7.22）

左──年が過ぎ、時間が止まっている (2016.7.22)
右──ダルマさんが寂しそうに何かを訴えている (2016.7.22)

上左——原発事故は絶対に起きないと言われ信じていたが、事故は起きた。騙された（2016.7.22）
上右——事務所の片付けもできずに避難した（2016.7.22）
下左——息子に譲って農業をすることにしていたが、原発事故で家族はバラバラになった（2016.7.22）
下右——イノシシは倉庫を壊して味噌まで食べてしまった（2016.6.22）
右ページ——線量を測りながら街の中を歩くが、3.26マイクロシーベルト以上の所もある（2016.7.22）

左──原発事故が起きたため帰ることはない。県外で新たな生活をしている（2016.7.22）
右──木や雑草に覆われ道路が狭くなっている（2016.7.22）

左──年が過ぎてもタイベックを着ないとお墓参りもできない（2016.7.22）
右──仮置き場の線量 2.71 マイクロシーベルト。「これより中は高くなるから入らないで」と注意された（2016.7.22）

田・畑だったが木が伸びて街並みが見えない（2016.7.22）

上左──現在取り外されてしまった。保存すべきではなかったか（2013.5.4）

上右──除去土壌等保管場（2016.7.22）

下左──警備が厳しくなってきている。前回までは入る際に証明書を見せるだけだったが、出る時も提示。警備員も「上からの指示なので」と（2016.7.22）

下右──両側は帰宅困難区域のために駐車禁止（2017.7.3）

右ページ──国道6号線の電光掲示板。バイク、自転車は通行禁止。放射線量が高いため（2015.11.25）

浪　江　町

NAMIE MACHI

避難解除になったが人がいない (2017.10.26)

庭に樹木を植えて手入れをしていたが、雑草に覆われている（2013.10.8）

上──家には泥棒やネズミに入られた形跡が (2013.10.8)
下──放置された車。雑草がのびて見えなくなってきている (2013.10.8)

左──年が過ぎて家の周りを除染することに（2016.6.23）
右──家の周りの線量は2.17マイクロシーベルトもある（2016.6.23）

何処の家も地震で倒れたが片付けることもできず、原発爆発で避難するのがやっと（2016.6.23）

地震で倒壊した。放射線量が高いため手が付けられない(2013.10.8)

倒壊した家屋がこの様な状態になっているのが多い（2016.6.23）

左──動物たちが悲しそうに吠えているようだ（2017.4.30）
上──教室の中もそのまま（2017.4.30）
下──ゴリラくんも寂しがっている（2017.4.30）

左——除染した土壌がありとあらゆる所に置かれている（2017.4.30）
右——放射線量は 2.01 マイクロシーベルトと高い（2017.4.30）

避難解除になったが人はいない (2017.4.30)

請戸小学校正門。津波で犠牲者は出なかったが、原発事故のせいで生徒は全国各地に避難をしていった（2016.6.23）

左──津波で破壊された教室（2016.6.23）
上──第3波の津波の時間（2013.5.4）
下──津波で傷だらけになっている（2013.5.4）

どこの教室もひどい (2016.6.23)

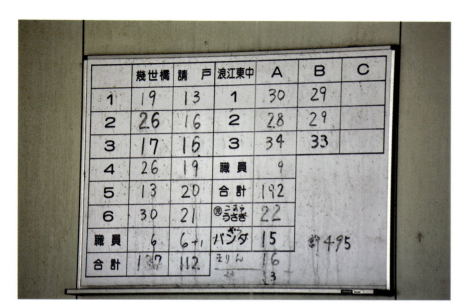

左——記載されたホワイトボード。全国各地に避難（2013.5.4）
右——パソコンも当時のまま（2017.5.2）

原発の方を見て怒っているカエル石仏（2016.10.6）

左──2017年9月に開通した国道114号線に置かれたフレコンバッグが破れ、雑草が生えている（2017.10.26）
右──フレコンバッグの線量は6.88マイクロシーベルトもあった（2017.10.26）

左──ショベルカーもツタに覆われている（2017.10.26）
右──開通した国道 114 号線の線量は 51 マイクロシーベルトと非常に高い（2017.10.26）

左──この道路は葛尾村に。放射線量が高い所が多い（2017.10.26）
右──新たに町営霊園ができた（2016.10.6）

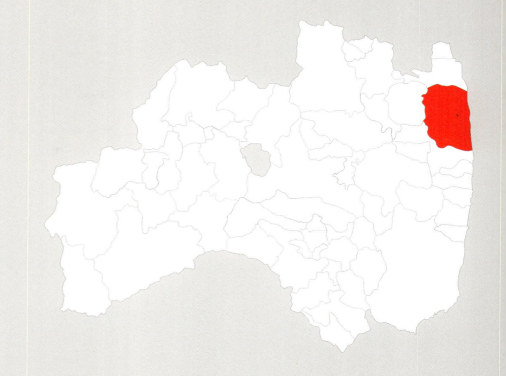

南相馬市

MINAMISOMASHI

賑わっていた町が原発事故による避難で、ゴーストタウンになってしまった（2014.9.4）

左──ホームも雑草に覆われてきている（2014.9.4）
上──レールが雑草に飲み込まれた（2014.9.4）
下──自転車もツタに覆われてそのまま（2014.9.7）

上左──地震で土台が流された（2012.9.14）
上中──地震で倒壊、原発事故で避難した（2014.10.24）
上右──高さ9.3メートルの観測史上最大の津波。住人は大丈夫だったのか（2012.9.14）

下左──介護施設。津波に襲われ多くの方が亡くなってしまい、解体作業中（2012.9.14）
下中──形だけが残ったが無事に避難できたのだろうか（2012.9.14）
下右──原発事故さえなかったら片付けられた（2012.4.14）

全ての物を飲み込んでしまった津波（2012.9.14）

津波によって全てを失ってしまった (2012.9.14)

上──橋も流された。自然に対して、どうすることもできない（2012.9.14）
下──来るたびひどくなってきている（2012.9.14）
右──震災前は活躍した漁船。津波に流されがれきとなってしまった（2012.9.14）

家の中は全ての物が奪われた状態（2014.9.4）

上左——数キロあった松並木が1本だけになってしまった（2014.10.24）
上右——駐車場の黒い所は避ける（2016.5.19）
下左——普通の舗装場所よりも線量が高い 0.40 マイクロシーベルト（2016.5.19）
下右——仮置き場。フレコンバッグが見えない様にしている（2016.5.19）

上左──51万トンを超す最大の仮置き場（2016.10.6）
上右──モミの葉が真っ直ぐに伸びている（2016.5.19）
下──シートが膨らんでいる。メタンガスがたまっているのではないか（2016.5.20）

左──正常なモミの葉（2016.5.19）
右──一向に下がらない放射線量。92マイクロシーベルトと驚くほどの高さ（2016.5.19）

左──放射線量が高いと、地区の動物の生態系に
影響が出てくるのではないか（2016.5.19）

上──警備員との対話。放射線量が高いために鉛で覆っている（2016.6.10）

下──今まで見たことがない鉛の詰所（2016.5.19）

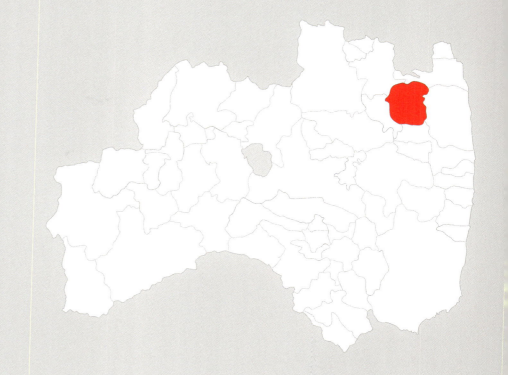

飯 舘 村

IITATE MURA

原発事故による避難で、人がいない村になってしまった (2012.9.18)

左──地震の被害は少なかったが原発事故で仕事ができなくなった（2012.9.28）
右──雨といの所の線量は88マイクロシーベルト。もう少し置くとさらに高くなる（2012.9.28）

左──田・畑がフレコンバッグの仮置き場になった（2012.9.18）
上──帰還困難区域での警備は、線量が高いため被ばくが心配だ（2012.9.18）
下──警備員に言われて測ったらなんと103マイクロシーベルト。驚くばかり（2012.9.18）

左──サルも人をこわがらなくなっている（2013.12.11）
右──山を切り開いて仮置き場を造成中（2013.12.11）

左——仮置き場に大量のフレコンバッグが運び込まれている（2014.5.25）
右——半年で、フレコンバッグから雑草が伸びてきていた（2014.11.21）

上左──今度は、シートがかけられていた（2015.8.4）
上右──風向きが変わると少しだけ線量が低くなる（2015.8.4）
下──仮設焼却炉が稼働してから周りの線量が高い（2015.8.4）

上左——カシワの葉が縮れている。事故前はなかった（2014.5.25）
上右——焼却炉が稼働してから、周りの葉が白くなってきている（2015.8.4）
下——仮設焼却炉稼働前よりも線量が高くなっている（2015.8.4）

目を疑ってしまう仮置き場になっている (2015.8.4)

左――田んぼが仮置き場になってしまった（2015.8.4）
右――フレコンバッグが破れたり、雑草が伸びてきたりしている（2015.8.4）

左──除染作業員の人は県外から来ている（2015.6.6）
上──フレコンバッグの上に置くと 5.21 マイクロシーベルトと線量が高くなっている（2015.9.18）
下──フレコンバッグの近くに来ると線量が高い。3.55 マイクロシーベルトになる（2015.8.4）

左──なんと車の中で 0.96 マイクロシーベルトもある（2015.8.4）
右──線量が高い所で昼寝。考えられない（2015.8.4）

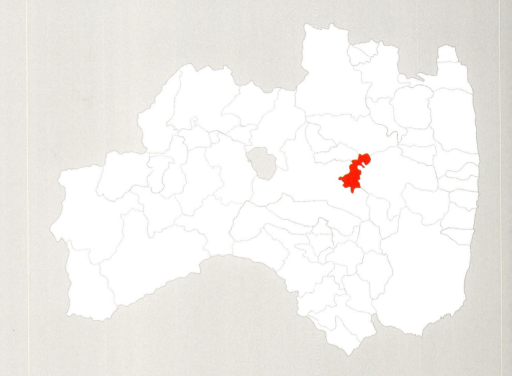

三春町

MIHARU MACHI

間もなく入居が始まる（2011.6.15）

上──四畳半と六畳の仮設住宅（2017.4.14）

下──仮設住宅は四畳半と六畳の二部屋。
足の踏み場もない息が詰まる生活（2014.12.5）

右──ダンボールで仕切って生活を送っていた（2011.5.10）

狭い所での生活は容易ではない (2011.5.10)

上左——子どもがいると避難所での生活は大変だったと思う（2011.5.10）

上右——プライバシーのない生活を送っていた（2011.5.10）

下——少しのスペースを利用して着替えをしている（2011.6.6）

食事の仕度は当番制で6人から7人で作っていた（2011.5.10）

自衛隊の仮設風呂（2011.7.20）

あとがき

　原発は事故を絶対起こさないと言われ信じていた。「安全神話」に騙されてしまった。しかし原発事故は起きた。未曾有の人災、目に見えない放射能からの避難。

　原発事故のために避難先から1時間半もかけて片付けに来なくてはならない、原発さえなかったらこんな思いしなくてすんだのに、戻ることができるのか。

　被災者のなかには6畳半と4畳の狭い仮設住宅では生活ができず、息苦しい所にいると身体がおかしくなるから、「牛の世話をする」と2012年家に戻って行った人もいる。

　その後、9月に家で撮影させてもらった。2015年4月避難指示解除後に肺ガンで亡くなった（87歳）と聞いた。笑顔で仕事をしている姿がいまも瞼に焼き付いている。黙って、手を合わせるしかなかった。

　7年目に入って避難地に住宅を建てる被災者が多くなっている。戻った人は高齢者で、若い人は避難先で生活をしている。中学生は震災、原発事故のことが薄らいできている。

　震災・原発放射能汚染によって家族も離れ離れになり、仕事、田畑も奪われ、大地にもう二度と戻ることができないかもしれない。

　安倍首相は「アンダー・コントロール」とか「被災者に寄り添う」とか言うが、実際は、被災者を切り捨て、箱物ばかりの「復興」が先走る。このままでよいのだろうか。

　写真集を作ることができたのも多くの方々の真実の心と、やるせない故郷の姿に目を向け話していただいたからこそ。感謝の言葉も無い。まだまだ問題は山ほどある。原発事故が起きれば何もかも失う現実を、若い世代に伝え継承していかなければならない。

　最後に、出版にあたりアドバイスをしていただいたジャーナリストで社団法人「被曝と健康研究プロジェクト」代表の田代真人さん、旬報社の木内洋育社長、デザイナーの坂野公一さん、皆さんのお力がなければ、この本は日の目を見なかった。心からの謝意を申し上げる。

2018年12月

飛田晋秀

Afterwords

Nuclear power station has been believed it will never cause any accident. We were deceived by the "myth of safety". However a terrible accident of nuclear power plant occurred, causing unprecedented man-made disaster, and people had to evacuate from the danger of invisible radioactivity.

"Because of the nuclear accident, it takes one hour and half to come here from the shelter. I would not have suffered from such a hardship if the nuclear accident did not occur. Can we return to our home village?"

One of the evacuees returned to his home in 2012, saying he could not lead his normal life in such a cramped temporary residence with only two rooms (six-and-a-half tatami-matted room and four-matted room), and felt unwell. "I would like to take care of my cows".

After that in September, he allowed me to take pictures of his house. I heard that he died at 87 because of lung cancer in April 2015 after the Evacuation Order was terminated. The way he worked in his farm with a smile on his face lives in my memory. I could not do anything but pray in silence.

As the period of evacuation reached the 7th year, the number of evacuees who are constructing new houses in the former evacuation zone, is increasing. People who returned to former evacuation zone are elderlies while young people still live in the shelters. Junior high school students are easily losing their memories about the earthquake disaster and the nuclear accident.

Because of the earthquake disaster and radioactive contamination, family members got separated from each other, and a lot of people lost their work or farm fields. They are anxious that they can never return to their farm.

Words in Prime Minister Abe's speech : "(radiation is totally) under control" or "We will stand beside the victims of the disaster" etc. In reality the government abandoned them and the target of "reconstruction" work only concentrates on building 'Hakomono' (Japanese nickname ridiculing public buildings like libraries, museums or gymnasiums). Is it right to go on like this?

Thanks to many people who sincerely talked to me about their life and their dreary home village, I was able to complete this photograph collection. There is no word to that can express my gratitude. But a lot of problems remain. I must teach and pass on the message to younger generation about such realities: if a nuclear accident occurs, you will lose everything.

Finally I want to express my gratitude to Mr. Masato Tashiro, a journalist and the representative of exposure to radiation and health project, who gave me an advice on publishing this book, and Mr. Hiroyasu Kiuchi, the representative of Junposha Co., and Mr. Koichi Sakano, a designer. Without the aids of these people, this book had not been published.

Shinsyuu Hida
Dec. 2018

飛 田 晋 秀　（ひだ・しんしゅう）

写真家

1947年生まれ。
福島県田村郡三春町出身・在住。
元々は日本の職人さんの撮影を専門とするプロ・カメラマン。
3.11後、「事故を風化させない」「事故後の状況をありのままに知ってほしい」「福島県民の思いを知ってほしい」との思いから、福島第一原発事故の被災地を幾度となく訪れてその現況を撮影。
現在日本各地で写真展と講演会を行なっている。

主な活動・経歴
1996年頃より三春町をテーマに「三春情景」「三春の職人」などの写真展・個展を開催。1999年に写真集『三春の職人』を出版。同写真集は国立国会図書館に民俗学資料として永久保存（2000年）。3.11後の2011年11月に被災地の現況を写した写真展『福島のすがた』を地元三春町で開催して以降地元福島はもとより東京、大阪、愛知、北海道、神奈川、埼玉、岐阜他、日本各地で写真展「福島のすがた」並びに講演会を実施している。

Shinsyuu Hida

Photographer

Born in 1947
MIHARU-machi, TAMURA-gun, FUKUSHIMA native place, residence

Originally he is a professional photographer specialized in the photography of a Japanese craftsman.
From thought, "Want you to know the thought of citizens of FUKUSHIMA" Want you to know the situation after the accident plainly" Not to let an accident weather", visit the FUKUSHIMA First Nuclear Plant accident stricken area without several degrees and, after 3.11, photograph the present situation. Perform a photo exhibition and a lecture now in various parts of JAPAN.

Main activity calendar
Start a photo exhibition, the private exhibitions such as "Scene of MIHARU" "Craftsmen of MIHARU" in about 1996 under the theme of MIHARU-machi. Publish a collection of photographs "Craftsmen of MIHARU" in 1999. I save the collection of photographs as a folklore document permanently in National Diet Library (2000).
The photo exhibition that represented the present situation of the stricken area in November. 2011 after 3.11 holds "Figure row of FUKUSHIMAA" in local MIHARU-machi. After that local FUKUSHIMA holds a lecture in a photo exhibition"Figure row of FUSHIMA" from the start in TOKYO, OSAKA, AICHI, HOKKAIDO, KANAGAWA, SAITAMLA, GIFU, others various parts of JAPAN.

福 島 の 記 憶 ── 3.11で止まった町

2019年2月25日 初版第1刷発行

| 写真・文 | 飛田晋秀 |
| 装丁 | 坂野公一（welle design）|

| 発行者 | 木内洋育 |
| 発行所 | 株式会社 旬報社 |

〒162-0041 東京都新宿区早稲田鶴巻町544
TEL 03-5579-8973　FAX 03-5579-8975
ホームページ　http://www.junposha.com/

印刷製本　中央精版印刷株式会社

©Shinsyuu Hida 2019, Printed in Japan
ISBN978-4-8451-1576-1